AF295802

La Cançun
de
Saint Alexis

Reproduction
photographique du manuscrit
de Hildesheim
par F. H. Bödeker.

Paris
H. Welter, Editeur
Rue Bonaparte 59.
1890.

Fol Ye
64

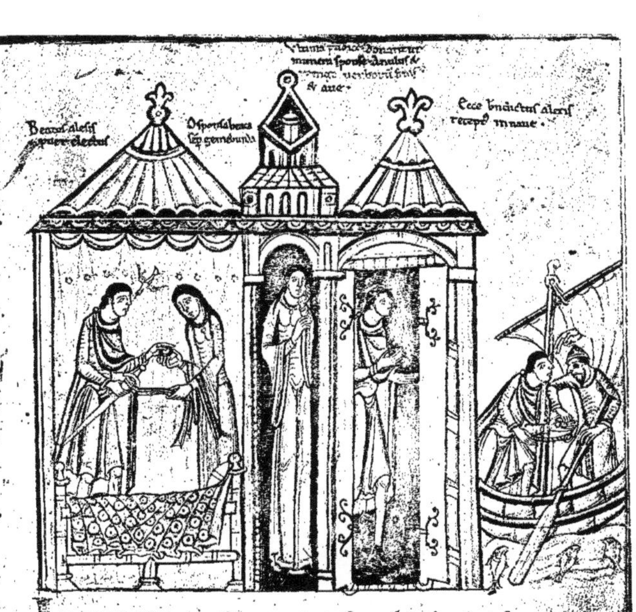

Ici cumencet amiable cançun e spiritel raisun d'iceol no-
bile barun eufemien p... ...laue de sun filz bonei-
ret· del quel nus avum oïr lire e canter· par le divine
volentet· il desirables icel sul filz engendrat· Apres le naissance
co fut enfes de deu mecesme amez· e de pere e de mere
par grant certet nuriz· la sue iuvente fut honeste e spiritel
par lamistet del sureraun pietet la sue spuse iuvene cumaut
e ... us uirs de uertet· ki est un sul sannur e regnet
en trinitet· Jcesta istorie est amiable grace esituerain
insulaciun a chascun memorie spiritel· les quels iuvent
purement suluic castethet· e dignement sei deliurat
esgoies del ciel & es noces uirginels·

ons fut li secles al tens anciemur quer
feit iert e iustise e amur si ert uailant
dunt ore n'at nul pru tut est muez
pedre ad sa colur ia mais n'ert tel cum
fut as anceisurs. Al tens noe & al tens
[...] nul [...]
tant bons fut li secles iamais n'ert si uaillant
[...] cuer [...] remanant
sist amparet tut bien uait remanant.
P[ur icel] [...] q(ue) d(e)[ui]n[drent] [...] noshta
anceisur ourent cristientet si fut un
[...] ueel bontiud de
grant nobilitet pur hoc uus di d'un son filz uoil parler.
[...] amum [...] de[s]melz
Ki dunc iert sur tuz ses pers l'amat li empereire dunc p(re)st
muiler uailance & [...] cunctis secula
cuntretha. Pus conuerserent ansemble longament n'ourent
amfant peiset lur enformement & lui apelent andui par suuent
ceus celeste par ton cumandement amfant nus done ki set
a tun talent. Tant li prient [...] par grant humilitet q(ue) la
muiler dunat fecunditet un filz lur dunet si l'en sourent
bone gret de sanbatesma lunt fait regenerer bel num li
metent sur la cristientet. Fud baptizet si out num
Alexis. Ki lui portat suef le fist murrir puis ad escole li bons
pedre le mist tant aprist letres que bien en fut guarnit
puis uait li enfes l'emperethur seruir. Quant uiere li pedre
que mais n'aurat amfant mais que cel sul que il par amat
[tant] dunc se purpenset del secle auant or uole que p(re)nget
moyler a sun uiuant dunc li acatet filie d'un noble franc.
E[n] [...] [...] parentet fille ad un cumpta de
rome la ciptet nat mais amfant lui uolt mult honurer
[...] li dun pedre parler lur dous amfanz
uolent faire asembler. Domenc lur terme de lur adaise
[...] dure letere contenit. Danz Alexis
l'espuset belament mais co est tel plait dunt ne uolsist nient

dedit auītū ad adeu suīcalegt · Quant huūrz passet is tilsuī anuītt
co dist li pedres filz qui tū uus colcer · anoc tasprise al cumand
deu del ciel · ne uolt li enfes sum pedre corocier · uint en la cambra
ou ert sa muiler · Cum uert le lit esquardat la puicela · dunc li
remembret de sun senior celeste · que plus ad cher q̄ tut auer
terrestre · e deus dist il cum forz pecet · ma pies es · se or ne men
fui mult criem que ne tem perde · Quant an la cambra furent
tut sul remes · danz alexis la prist ad apeler · la mortel uithe
li prist mult ablasmer · de la celeste li mostret uertet · mais cil
est tart quet il sen seit turnet · O mei pulcele oclui uien ad
espus · ki nus raenst de sun sanc precius · an icest secle nenat parfit
amor · la uithe est fraisle nuid diue le honur · cesta lethece
reuert a grant tristur · Quant saraisun li ad tute mustrethe
pois li cumandet les renges de s'espethe · ... anel adeult ad co
mandethe · dunc en eisit de la cambre sum pedre · ensur nuit
sen fuit de la contrethe · ... une nuit errat descendit al mer
la nef est preste ou il deuert entrer · dunet sum pris & enz est
aloet · drecent lur sigle laisset curre par mer · la pristrent
terre o deus les uolt mener · O ret alalice co fut citet mult
bele · iloec ariuet saint ome la nacele · dunc an eist danz
alexis acertes · co ne sai io cum longes iconuerset · ou que ilseit
de deu seruir ne cesset · D iloc alat an alsif lacipret · pur une
magine dunt il ot parler · qued angeles firent par cumandement de
el num la uirgine ki portat saluethe · sainta marie ki portat
damne deu · Tut sun auer quod sei en ad portet · tut le depart
par alsis la citet · larges almosnes que gens ne len remest · dunet
as poures u quil les pout trouer · pur nul auer ne uolt estra
ancumbret · Quant sun auer lur ad tot departit · ent
les poures sesist danz alexis · recut lalmosne quant deus la li tramist
tant anrecut cum ses cors puet quant · selum remaint
fil rent as poueris · Or reuendrai al pedra & ala medra · & ala
spuse qued il out espusethe · quant il co sourent qued il fudth
alez · co fut granz dols quet ilunt demenet · egranz deplaint
pur tuta lacitet · Co dist li pedres chers fil cum tu per dut ·
respont la medre lasse qued est deuenut · co dist laspuse pechet

lemat tolut · e chers amis si poi uiilai out · or sui si graime que ne
puis estra plus · D unc prent li pedre de se meilurs sergant · par
multes terres fait querre sun anfant · nisque an alsis uentandrent
dui errant · iloc truuerent danz alexis sedant · mais nan conurent
sun uis ne sun semblant · D es at li enfes satendra carn nuidede ·
nel reconurent li dui sergant sun pedre · alun medisme unt lalmos
ne duneche · illa receut cume li altre frere · nel reconurent sempres
sen returnierent · N el reconurent ne nel unt antercieu · danz alexis
anl othet deu del ciel di cet funs sers qui il est prouenders · il sur lur sire
or est lur almosners · ne uus sai dire cum ilsen firet liez · C il sen reparirent
a rome lacitet · nuncent al pedre que nel pourent truuer · set il sur graim
nel estot demander · labone medre sempris adementer · e sun ker filz
sullent a regreter · F ilz aleis pur quei portat ta medre · ti uues suw
dolente an sun repmes · ne sai le leu ne nen sai la contrede · u talgt querre
pure en sun esquareche · ia mais uiert lede · kers filz nul eue tun pedre ·
V uit en la cambre plaine de marrement · sila despeiret que ni ueit nest ment
ni remest palie ne nedil ornement · atel tristur aturnat sun talent
unches puis cel di nese contint ledement · C ambra dist ela ia mais ne
seras parede ne ia ledece nert antei demenede · fila destruite cum dis
lau host depredethe · sas isato pendre curtines deramedes sa grant
honur agramt dol ad aturnede · D el duel fasist la medre nisq; adwe
fisist lasprise danz alexis acertes · dama dist ele io iai sigrant perte
oit uiuray an guise de turtrele · quant nai uin filz ansemblot tei
uoil estra · C o dilamedre se amei te uols tenir · ste guardarai pur
amur alexis · ia naurras mal dunt te puisse guarir · plaimnis an
semble le doel de nre ami · tu detum seinur iolsirai pur mun filz
N e poet estra altra turnent el consirrer · mais la dolur ne pothem
ublier · danz alexis en alsis la citet · sert sun seinur par bone uolentet
ses enemis nel poet anganer · D is eseit ant nen fut niem adire ·
penat sun cors el damne deu seruise · pur amistet ne damn ne damie
ne pur honurs ki len fussent tramise · nen uolt turner tant cum
il ad auuire · Q uant tut sun quor en ad si afermet · que ia sum uoil
nustrat de la citet · deus fist rlimagine pur sue amur parler · al
seruitor ki seruet al altre · co li cumandet apele lumie deu
C o dist limagena fai lume deu uenir · qr ilad deu bien seruit q; agret

& il est dignes dentrer enparadis · aluaro sil quert mais il nel set · cost[r]
icel sant home · de cui limagene dist · R euiuo licostre al imagne
el muster · certes dist il nesai cui anterrier · respono limagine
ço est · cil qui treslut set · pres est de deu edel regnes del ciel · par
nule guise nesen uolt eslumer · C il uaro sil quert fait lel muster
uenir · est uus lesample par trestut le pais · que cele imagne par lui
pur aleris · trestut lonurent ligrant elipetit · etuit lopriero
que de els ait mercit · Q uant il conueit quil uolent onurer ·
certes dist il niai mais ad ester · di cest honur nen reuoil ancun
brer · en sur nuit sen fuit de lacipteit · dreit ala lice reuint lisons
edrers · D anz aleris entrat enume nef · ourent lur uent laisent
curre par mer · andreit tarson esperro aruer · mais ne puet
estra ailurs lestot aler · andreit arome les porteo li orez · A un
des porz ki plus est pres de rome · iloec arinea lanef aicelsaint
home · quant uit sun regne durement sen redutea · de ses parenz
qued il nel recunuissent · e del honur del secle nel encumbreto
E deus dist il bels sire qui tut guuernes · se tei plousb a ne uolisse
estra forme conuisseno ni parenz · di cesta terro · il me prendruno
par pri oii par poeste · se los ancreid il me trairo aperdra · M ais ne
pur huec inim pedre mie desirreo · si faio mariedra plusq; femo
qui sirueo · auoc mas prise que iolur ai querpide · or nolairai mei
meto an lur bailie · men conuistruno tant nutz ad que neh urieo
E st de lanef euno andreto arome · uao par les rues dunt ilia
bien fut conreo · naltra pur altre mais sun pedre iancunureo ·
ansemblo lui grant masse de ses humes · fil reconuio par sun dreto
num le nunireo · E ufemien bel sire richel hom · quar me herber
ges pur deu an tue maison · suz tui degret mefai un grabatum
en pur tun filz dunt tuas tel dolur · tut soi amferm sun pais pur
sue amor · Q uant oo li pedre le clamor desun filz · plurero
fi oil ne sen puet astenir · por amor deu espur mun cher ami · tut
te durai boens hom quanq; mas quis lio e oftel epain ecarn
eum · E deus dist il quer ousse un sergant · kil me guardrat io
len fereie franc · un en iurio ki sempres uino auano · aisme dist
il kil guard pur ton cumand · pur tue amur anserai lahan · D unc
lemenao andreto suz ledegret · fait lisun lio oil pot reposer · tut li

amanued quanq; bosuinz lierr · contra seinur ne sen uolt mes aler ·
par nule guise ne lem puet hom blasiner · Souent le nirent ele pedre
ele medra e la pulcele · quer lierr espusede · par nule guise unces
nel auiserent · nul ne lur dist nelf nel demanderent · quels hom
esded ne de quel terre il erent · Souentes feir lur uew grant duel
mener · e delur oilz mult tendrement plurer · etut pur lui unces
nuent pur danz alexis le met el confirrer · ne len est rien issi est
aturnet · Soz le degred ou il gisd sur sanate · iluec paisd lum
del relef de la tabla · agrant pouertd dedutd sun grant parage
co ne uolt il que sa mere le sacet · plus armet deu que tut sun linage
De la uiande ki del herbere liuint · tant an retint dunt sun cors
ansusbint · se lui en remaint sil rent · as pourins · nen fait mufgode
pur sun cors engraisser · En sainte eglise conuersed uolenterf
cascune feste se fait acomunier · sainte escriture · co ert ses con
seilers · del deu seruise se uolt mult esforcer · par nule guise
nesen uolt elluiner · Suz le degred ou il gisd e conuersed
iloc dedutd ledement sa pouertd · li serf sum pedre ki la maisniede
seruent · lur lauadures li getent sur la teste · nesen corucet
ned il nes en apelet · Tut le scarnissent sil tenent pur bricun
le gua ligetent si moilent sun lincol nesen corucet giens cil sain
tisimes hom · ainz pried deu qued illo lur parduinst par sa
merced quer ne seuent que funt · Iloc conuersed eisi dis esteit
anz · nel reconut nuls sons apartenant · ne nuls hom ne sout
les sons ahanz ·
Treinte quatre anz ad si sun cors penet · deus ... uise li uolt guere
duner · mult li angreget la sue anfermetet · ço seit il bien qued il
sen deit aler · cel son seruant ad a sei apelet · Quer ma belsirne
& enca e parcamin · & une penne co pri tue merced · cil li aportet
recet le aleis · escrit la cartra tute de sa medisinie · cu sen alet
etum il sen reuint · Tres sei la tint ne la uolt demustrer · pere
conuissent usque il sen seit alet · parsitement sead adeu cumandet
sa fin aproismet ses cors est agrauet · detut antout recesser delpar
ler · An la samenie qued il sen deit aler · uint une uoiz ...
enla cited · hors del sacrarie par cumandement deu ki sei fedeilt
li ad tut amuiet · prest est la glorie qued illi uolt duner · En sla ...

...li... que l'ume deu quergent ki est an rome
li deprient que la citet ne fundet. ne ne perissent la gent ki ens
fregundent. ki l'un oro remainent en grant dute. Sainz innocenz
ert dunc apostolie. alui repairent eurice elipoure. s'il requerent
conseil dicele cose. quil unt ore ki mult les desconfortet. ne guar
dent lure que terre nes engluted. Li apostolie eli empereor
luuins acharies li altre anories out num. e tut le pople par com
mune orisun depreient deu que conseil lur andunst. dicel
saint hume par qui il guarirunt. Coli deprient la sue pietet.
que lur ansenet olpoissent recourer. uunt une uoiz kiluur ad
an diret. anlamaisun eufemien querez. quer iloec est eilloc
le trouerez. Tut sen returnent sur dam eufemien. alquanz
liprennent forment ablastenger. iceste cose nus douset nuncier.
atut le pople ki ert desconseilet. tant las celet mult ias grant
pechet. Ille scondit cume cil kil nel set. mais nelen creient al
helberc sunt alet. il uat quant lamaisun aprester. forment len
quer atut ses menestrels. icil respondent que neuls dels nel set
Li apostolie eli empereur. sedent es bans pensis epluruis aloc es
guardent tut. eil altre seinors. si preient deu que conseil lur
andunst. dicel saint hume par qui il guarirunt. An tant de
mentres cum ililoec unt essiut deseuret laneme del cors saint
alexis. tut droitement enuait enparadis. asun seinor ql auet tant
serui. ereis celeste tutuis tfai uenit. Liboeis sergant kilseruet
uolentiers. ille nuncat sum pedre eufemien. sues lapelet fili ad
conseilet. sire dist ilmorz est tes prouenders. eco sai dire quil
fut bons cristiens. Mult lungament ai alui converset. denule
cose certes nel sai blasmer. e co mesb uis que co est lume deu tut
sul sen est eufemien turnet. uint asun filz ou il gist sutz lude
gret. Les dras furz leuet dum ilestet tuuert. uit del saint home
le uis e cler ebel. enfum puinc ant le cartre le deu serf. eufe-
mien uolt sauer. quet espelt. Illauolt prendre cil neliuolt
guerpir. alapostolie reununcut esmerit. ore aitrouet co que
tant auums quis. fut num degret quit unsmorz pelerius.
vent. une cartre mais nalepius tolir. Li apostolie eli empereor
suenent deuant et ceo leuant uis sius. metent lur cors en...

grant afflictiuns· mercit mercit mercit sainctues hom· nen concuises
net uncore nen conuisum· Cdeuant ueiesum dui pechedrurs·
par la deu grace uocet amperedur· co est sa merci qu'il nus conseut
l'onor· detrut cest mund sumes rugedur· del tuns conseil sumes cur-
busium· Cist apostolies deu les animes baillir· co est ses mesters dunt
il ad a seruir· dune li la cartre par tue mercit· co nus dirrat quant
truuerat escrit· Eco plaist deus quoren puisum grarir· La aposto-
lie uent samain alacartre· saint alexis la sue li alacet· lui le con-
sent ki de rome estut pape· il ne la list ne il dedenz ne guardet
auant la tent ad un boen clerc e sauie· Li canceler cui li mesters
aueret· cil list le cartre li altra lesculterent· le num lur dist
del pedre e de la medre· e co lur dist de quels parenz il ert· dicele
gemme qued iloc unt truuede· Eco lur dist cumsen fut par mer
ecum il fut en alsis la citet· e que l'imagine d's fist pur lui parler
e pur l'onor dunt nes uolt ancumbrer· s'en refut en rome la citet·
Quant ot li pedre co que dit ad la cartre· ad ambes mains derumpet
sa blance barbe· e filz dist il cum dolerus message· jo atendu quei
amei reparasses· par dey merci que tun reconfortasses· Ahlaltе uoiz
prist li pedra a crier· filz alexis quels dols m'est apresentet· malueise
guarde tai faite sur mun degret· alas pecables cum par fui auo-
glet· tant l'ai uedud si nel poi autser· Filz alexis dont ra dolenta medra
tantes dolurs ad pur tei andurede· e tantes faims e tantes conuirees
e tantes lermes pur le ton cors pluredes· cist dols l'aurat en quivt par
acuredê· O filz cui ereient mes granz eredtet· mes larges terres dunt
jo aueie asez· mes granz paleis de rome la citet· puis mun deces
enfuisses enoret· e enpur tei men estie penet· Blanc ai le chef
e le barbe ai canuthe· ma grant honur t'auie retenude· e an
pur tei mais nen aueies cure· si grant dolur or m'est aparude·
filz la tue anamе el ciel sert absoluthe· Tei cuuenist helme e brunie
aporter· espede ceindra cume tui altre per· e grant marsnede dou-
ses guuerner· cum fist ti pedre eli tons parentez· le gunfanun l'em
peredur' porter· Atel dolur e a si grant pouerte· filz t'es dedut
par altenes terres· e dicel bien ki toen doust estra· que t'ampor nores en
ta poure herberge· se deu pluist serura en dousses estra· De la
dolur quen demenat li pedra· grant fut li dols li lamentedie la

medre lament cuitance cum femme forsenede · batant ses palmes criant
escheuelede · uto mort sum filz aterre cec pasmede · On dunt lrtro su[n]
gram[t] dol demener · sum piz debatre esun cors deietter · ses cruis deru[m]pre
esen uis maiseler · sun mort amfant detraire & acoler · mult fust il
dur ki nestoust plurer · Trait ses cheuels edebat saperrine · agrant
duel met lasue carn medisme · esilz dist ele cum mious enhadrche
eio dolente cumpar sui auoglie · nel cunuissete plus que unches nel
uedisse Plurent sioil esietet granz criz · sempres tegret mar te pa[r]
tai beis filz · ede tamedra quer auoes mercit · purquem uedeies
desirrer amurir · co est grant merueile que pietet netenprist ·
Alasse mestre cum oiforto auenture · or uei io morte tute mapor
teure · ma lunga atente agrant duel est uenude · purquei portai
dolente mal feude · co est granz merueiles quelument quors tant
duret Filz algeis mult ous dur curage · cum auilas tut tun
gentil linage · sed amei sole uels une feiz parlasses · talasse medre
fila confortasses · ki sist dolente · cher fiz bor ialasses Filz algeis de
la tue carn tendra · aquel dolur dedust asta niuenta pur quem
suis iate portai en men uentre · e deus lesed que tute sui dolente ·
iamais nerc lede pur home ne pur femme Alur que teluedisse
sui milto desirruse · amt que ned fussel sin sui mult angustuse
quant io uid ned sin sui lede egouise · or te uei mort tute ensui
doleruse · co peiset mei que masins tant domoret Seinurs de
rome pur amur deu mercit · aidiez mei aplaindra le duel de
mun ami · ne puis tant faire que mes quors sen sazie · granz est
li dols ki sor mai est ueraiz · nest merueile naimais filie ne filz ·
Entre le dol del pedra edelamedre · uint lapulcele que ilout espuse[e]
sire dist ela cum longa demurere · ai atendude an lamaisun tun
pedra · ou tun laisas dolente & eguarede Sire algeis tanz nurz
tai esirret · etantes feiz pur tei anluminz guardet · si reuenisses
ta spuse conforter · pur felunie niient ne pur lastet Okiers amis
de ta iuuente bela · co peiset mai que sipuritat terre · e gentils
hom cu dolente puis estra · io atendeie de te bones noueles · mais ore
les uei sidures esi posmes O bele buce bel uis bele faiture cum est
mudede uostra bela figure · plus uos amai que nule creature · sign[um]
dolur or mest aparude · melz me uenist amis que morte fusse ·

ço soufft l'anuit sun ludegrep · ou as grand doling anfermetet · ia tute
me men souient turner · qua tei ansemble nousse crusse conuerset
laust si toussom bien guardet. Ore sui to uedue sire dist la pulcela·
mais ledece naurai quar ne pocestra ne iamais hume naurai antute
cure · deu seruirei le rei ki tot guiuernet · il nel faldrat si uero querolui
serue · Tant i plurat de pedra ela medra ela pulcela que tuz sen alasse
rent · en tant demenares le saint cors conuererent · tuit cil seruit ebel
la custumerent · com felys cels ki par ferm le noperent · Seignors que
faites co dist li apostolie · que ualt cist crio cist dols ne cesta noise·
chi chi se doilen anostros est il gene · quar par cestui aurum boen adiu
torie · fil preuins que de tuz mals nos tolget · Trestuz li preient ki pou
rent auenir · cantant en portent le cors saint alexis · e tuit li preient
que dels aiet mercit · nestot somondre icels ki lunt ort · tuit iacorent
li grant eli petit · Si sen commourent tota la gent de rome · plus tost
uaint ki plus tost ipout curre · par miles rues anuenent si granz ebes
ne reis ne quons ni poet faire emra uoie · ne le saint cors ne pourent
passer ultra · Entrels anprenent cil seinor a parler · granz est
la presse nul ni podunt passer · cest saint cors que deus nus ad donet·
liez est li poples ki tant lad desirret · tuit iacorent nuls nesen uolt
turner · Cil an respondent ki la mpurie baillistent · mercit seignurs
nus anquerreus meicine · de noz aueirs ferruns largas departies · la main
menude ki lalmosne desiret · sil nus funt presse uncore an er mes deluuies·
De lur tresors prenent lor e largent · il sunt iscer deuant la pour gent·
par ico quident auer discumbrement · mais ne puet estra [illegible] uniu
nient · acel saint hume treshu est lur talent · Mo une crient la gent
menude · de cest aueir certes nuls naurum cure · si granz ledece nus api
rude · dicest saint cors que aurum ambailide · par lur aniquis e deu
plaist bone amide · Vnches en rome nen out si granne ledece · cum lour
le turn aspouret e al riches · pur celsaint cors quil unt en lurbaillie·
co lur est uis que uengent deu medisme · treshut lepople lo deo deu
egraciet · Samz alexis out bone uolentet · pur oc en est oi cest
turn oneuret · le cors an est an rome laisset · e lanema en est enz
el paradis deu bien poet liez estra chi siiist aluet · R fait ad poste
bien sen pot recorder · par penitence sen pot tres bien saluer · briefs
est cist secles plus durable atendet · co preiums deu la saint char[itet]

X

Las malfeuz, cum esmes auoglez · quer co ueduns que cruz sumes desuez
de noz pecher sumes si ancumbrez · la dreite uide nus fuut trel obliez ·
par cest saint home doussum ralumer · Aiuns seignors cel saint home
en memorie · si li preiuns que de toz mals nos tolget · en icest siecle nus
acat pais e glorie · & en cel altra la plus durable glorie · e ipse ube
sin dimes · pater noster · amen.   cce responsu sci gregorii secundino incluso

Aliud est picturam adorare · aliud   (Oratione de pictis interrogata·)
per picture historia quid sit adorandu addiscere · Nam quod legentib;
scriptura hoc ignotis prestat pictura · qa in ipsa ignorantes uident quid
sequi debeaut · In ipsa legunt qui litteras nesciunt · Unde & precipue
gentibus pro lectione pictura est · Quod magnopere tu qui inter gentes
habitas adtendere debueras · ne dum recto zelo incaute succenderis · ferocibus
animis scandalum generares · frangi g nondebuit quod non ad adorandum
in ecclesiis · set ad instruendas solum modo mentes nescientium constat collocati
& quia in locis uenerabilibz sanctorum depingi historias non sine ratione
uetustas admisit · si zelum discrecione condisses · sine dubio & ea que mende
bas salubriter obtinere & collectum gregem non disperdere · set pocius poterat
congregare · ut pastoris intemeratum nomen excelleret non culpa dispsois
incumbered ·   Ite ueis le respuns saint gregorie a secundin le reclus

Altra cose est aurier la painture   (Cum il demandout raison des)
eatra cose est par le historie de la painture aprendre   (que painture)
que la cose seit ad aurier · Kar ico que la scripture apreste
as lisanz · ico apreste la painture as ignoranz · Kar an icele ueient
les ignoranz quet il deiuent suire · En icele lisent icels ki letres ne seuent ·
Ampur laquele cose maismement la painture est pur le ceun as genz·
La quele cose tu qhabites entra les genz · deuses attendra · que tu nangendrasses
scandale de cruels curages demenciers que tu esbruseras nient cuintement
par dreit amurdie · Geres nient ne dut estra fruissiet ico que nient ne
pur maint ad aurier (aliter) eglises · mais ad enstruire sulement les penses
des nient sauanz · Campur ico que lancieneteo nient seiz raisun cuman
dat les hystories estra depaint es honurables lius des sainz · se tu lesfrusses
amurdie par discrecion · seur ditance poeies saluablement purtenir les coses
que tu attendeies · emient deporra la cuileta fole · mais maismient aseblier
que le nient siraint num depastur excellist · e nient aniouist la culpa del
depdethuir ·